I0018704

Atika Abbaci

Exploitation des technologies de communication

Fouzia Baghli
Atika Abbaci

Exploitation des technologies de communication

Application mobile exploitant le Bluetooth

Éditions universitaires européennes

Mentions légales / Imprint (applicable pour l'Allemagne seulement / only for Germany)
Information bibliographique publiée par la Deutsche Nationalbibliothek: La Deutsche Nationalbibliothek inscrit cette publication à la Deutsche Nationalbibliografie; des données bibliographiques détaillées sont disponibles sur internet à l'adresse http://dnb.d-nb.de.
Toutes marques et noms de produits mentionnés dans ce livre demeurent sous la protection des marques, des marques déposées et des brevets, et sont des marques ou des marques déposées de leurs détenteurs respectifs. L'utilisation des marques, noms de produits, noms communs, noms commerciaux, descriptions de produits, etc, même sans qu'ils soient mentionnés de façon particulière dans ce livre ne signifie en aucune façon que ces noms peuvent être utilisés sans restriction à l'égard de la législation pour la protection des marques et des marques déposées et pourraient donc être utilisés par quiconque.

Photo de la couverture: www.ingimage.com

Editeur: Éditions universitaires européennes est une marque déposée de
Südwestdeutscher Verlag für Hochschulschriften GmbH & Co. KG
Heinrich-Böcking-Str. 6-8, 66121 Sarrebruck, Allemagne
Téléphone +49 681 37 20 271-1, Fax +49 681 37 20 271-0
Email: info@editions-ue.com

Produit en Allemagne:
Schaltungsdienst Lange o.H.G., Berlin
Books on Demand GmbH, Norderstedt
Reha GmbH, Saarbrücken
Amazon Distribution GmbH, Leipzig
ISBN: 978-613-1-56512-0

Imprint (only for USA, GB)
Bibliographic information published by the Deutsche Nationalbibliothek: The Deutsche Nationalbibliothek lists this publication in the Deutsche Nationalbibliografie; detailed bibliographic data are available in the Internet at http://dnb.d-nb.de.
Any brand names and product names mentioned in this book are subject to trademark, brand or patent protection and are trademarks or registered trademarks of their respective holders. The use of brand names, product names, common names, trade names, product descriptions etc. even without a particular marking in this works is in no way to be construed to mean that such names may be regarded as unrestricted in respect of trademark and brand protection legislation and could thus be used by anyone.

Cover image: www.ingimage.com

Publisher: Éditions universitaires européennes is an imprint of the publishing house
Südwestdeutscher Verlag für Hochschulschriften GmbH & Co. KG
Heinrich-Böcking-Str. 6-8, 66121 Saarbrücken, Germany
Phone +49 681 37 20 271-1, Fax +49 681 37 20 271-0
Email: info@editions-ue.com

Printed in the U.S.A.
Printed in the U.K. by (see last page)
ISBN: 978-613-1-56512-0

Table des matières

Chapitre 3 : Description de l'API JSR-82

Chapitre 4 : La Mise En Œuvre

- **Introduction Générale**

INTRODUCTION GÉNÉRALE

Le monde devient de plus en plus mobile. Autant par la multiplicité des supports accompagnant l'activité nomade des entités professionnelles à l'échelle planétaire, que par la diversité des applications permettant aux utilisateurs de rester connecter en tout lieu et à tout moment.

La communication, la diffusion d'informations, les échanges de données…se font grâce aux TECHNOLOGIES SANS FIL disponibles sur le marché. Ces dernières, par ailleurs, ne cessent d'évoluer et de se propager dans tous les domaines de notre vie !

Auparavant, les clients et utilisateurs s'informaient auprès des bureaux d'information en général, ou technique en particulier. Actuellement, et avec l'adoption de plus en plus grandissante des nouvelles technologies, les services de toute entreprise et administration sont de plus en plus dépendants des systèmes de communication sans fil par l'utilisation des dispositifs mobiles, tels que : les PDA, les téléphones portables, les smart-phones, les ordinateurs portables, …

Une nouvelle technologie équipe actuellement, et de plus en plus pour le futur proche, tout cet arsenal de dispositif mobile : LE BLUETOOTH.

Cette technologie, sur laquelle se fonde notre projet de mémoire, a l'avantage d'offrir de multiples services, suivant la classification de la configuration et des profils de chaque dispositif.

En parallèle, et dans le langage de programmation, une autre technologie s'apparente aux appareils mobiles : le JAVA.

Pour permettre l'association de la technologie Bluetooth avec la technologie java spécifique aux appareils mobiles, et afin de rendre possible et exploitable une application mobile basée sur l'architecture CLIENT/SERVEUR, nous avons fait appel aux APIs –JAVA destinées à la technologie Bluetooth, dénommée : JABWT.

Ainsi, un serveur d'une société publie ses services, et ses clients accèdent à ces derniers via leurs téléphones portables équipés de Bluetooth !

Comme application pratique, nous avons choisi, dans le cadre de ce projet, de développer un programme pour faire communiquer deux téléphones portables, basé sur l'architecture client/serveur.

La présentation de notre mémoire sera structurée comme suit :

Le chapitre 1 : décrit l'architecture client/serveur et donne une vue d'ensemble sur le fonctionnement d'un système client/serveur, les types des architectures client/serveur, les technologies de communications et les avantages et les inconvénients de cette architecture.

Le chapitre 2 : donne des détails sur la notion du Bluetooth, le principe de fonctionnement et de communication, les modes de communication et de connexion, les profils supportés par cette technologie, une description de l'utilisation des APIs de JAVA avec le Bluetooth et enfin des exemples sur les appareils équipés de cette technologie.

Le chapitre 3 : donne une description détaillée de l'API JSR-82 avec une définition, les capacités et les méthodes utilisées dans cette API.

Le chapitre 04 : présente la conception détaillée de l'application, le langage de programmation, les diagrammes utilisés et enfin les interfaces réalisées de l'application.

En finalité, on termine avec une conclusion générale incluant quelques perspectives.

Chapitre 1

- **Architecture Client/Serveur**

En ajoutant un touché informatique dans une entreprise, on facilitera la communication entre les différents employés et on permettra à chaque utilisateur d'accéder aux différentes informations qui faciliteront la réalisation des tâches qui lui sont attribuées en toute sécurité et de n'importe quel poste de l'entreprise via une interface primitive. Ceci sera possible en installant un réseau dans l'entreprise.

Plusieurs solutions ont été proposées pour que ce réseau soit le plus ergonomique possible. Dans les années 90, on proposa le modèle client/serveur qui a pu répondre aux objectifs souhaités.

1. Architecture C/S :

L'architecture client/serveur désigne un mode de communication entre plusieurs ordinateurs d'un réseau qui distingue un ou plusieurs postes clients du serveur, cela signifie que des machines clientes contactent un serveur [1].

Client: c'est une machine faisant partie du réseau qui envoie des requêtes (processus) demandant l'exécution d'une opération à un autre processus par envoi de message contenant le descriptif de l'opération à exécuter et attendant la réponse de cette opération par un message en retour, il y en a plusieurs types de client tels que client FTP, client de messagerie, etc.

Caractéristiques d'un client :
- Il est actif le premier (ou maître) ;
- Il envoie des requêtes au serveur ;
- Il attend et reçoit les réponses du serveur.

Serveur: c'est une machine généralement très puissante en termes de capacités d'entrée-sortie, qui fournit des services (processus) accomplissant une opération sur demande d'un client, et lui transmettant le résultat, ces services sont des programmes fournissant des données telles que l'heure, des fichiers, une connexion, etc...

Caractéristiques d'un serveur :
- Il est initialement passif (ou esclave, en attente d'une requête) ;
- Il est à l'écoute, prêt à répondre aux requêtes envoyées par des clients ;
- Dès qu'une requête lui parvient, il la traite et envoie une réponse.

Requête : message transmis par un client à un serveur décrivant l'opération à exécuter pour le compte du client.

Réponse : message transmis par un serveur à un client suite à l'exécution d'une opération, contenant le résultat de l'opération.

2. Fonctionnement d'un système C/S :

Voici le schéma suivant :

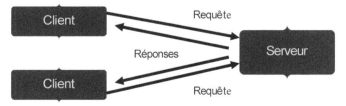

Figure 1.1 : Architecture C/S

Le client émet une requête pour recevoir des informations du serveur passant par un port du PC (exemple : port 25 pour les mails, port 80 pour le web et 21 pour le FTP).

Le serveur lui envoie ensuite les informations grâce à l'adresse IP de la machine cliente, ce que l'on appelle des réponses.

3. les types d'architecture C/S :

Il y en a plusieurs types d'architecture :
- les modèles :
    - Un client et un serveur :

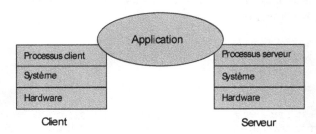

Figure 1.2 : Architecture d'un client et un serveur

- Un client et plusieurs serveurs :

Figure 1.3 : Architecture d'un client et plusieurs serveurs

- Plusieurs clients et un serveur :

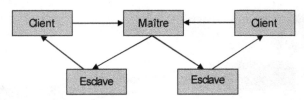

Figure 1.4 : Architecture des clients et un serveur

Une architecture doit être orienté client ou orienté serveur :

Client lourd :

- stocke les données et les applications localement
- Le serveur stocke les fichiers mis à jour
- Le client effectue une bonne partie du traitement
- Le serveur est plus allégé

Serveur lourd :

On effectue plus de traitements sur le serveur :

- transactions, groupware, etc...
- Déploiement plus aisé.

Client léger :

- Client à fonctionnalités minimales
- Beaucoup de charge sur le serveur et le réseau
- application accessible via une interface web (en HTML) consultable à l'aide d'un navigateur web, appelé parfois *client universel*.

- L'architecture C/S à deux niveaux :

Appelée aussi architecture 2-tiers, (tiers signifiant rangée en anglais), dans cette architecture, lorsque le client demande une ressource au serveur, ce dernier la lui fournit sans faire appel à d'autre application, en utilisant ses propres ressources.

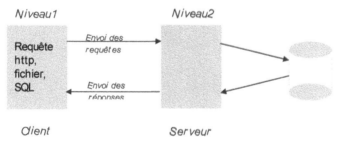

Figure 1.5 : Architecture C/S à deux niveaux

- L'architecture C/S à trois niveaux :

Appelée aussi architecture 3-tiers, dans cette architecture il existe un niveau intermédiaire, c'est-à-dire que l'on a généralement une architecture partagée entre :

- Un client, c'est-à-dire l'ordinateur demandeur de ressources, équipée d'une interface utilisateur (généralement un navigateur web) chargé de la présentation ;
- Le serveur d'application (appelé également middleware), chargé de fournir la ressource mais faisant appel à un autre serveur

- Le serveur de données, fournissant au serveur d'application les données dont il a besoin.

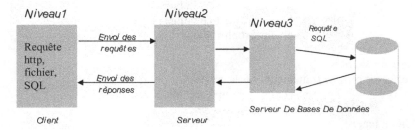

Figure 1.6 : Architecture C/S à trois niveaux

- L'architecture C/S multi-niveaux :

Dans l'architecture à 3 niveaux, chaque serveur (niveaux 2 et 3) effectue une tâche (un service) spécialisée. Un serveur peut donc utiliser les services d'un ou plusieurs autres serveurs afin de fournir son propre service. Par conséquent, l'architecture à trois niveaux est potentiellement une architecture à N niveaux...

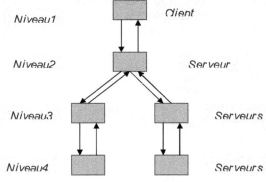

Figure 1.7 : Architecture C/S multi-niveaux

- Comparaison entre l'architecture à deux niveaux et multi-niveaux :

L'architecture à 2 niveaux est une architecture où le serveur fournit directement les ressources au client alors que dans l'architecture multi niveaux chaque serveur est spécialisé dans une tâche, cela permet donc : une plus grande flexibilité une plus grande sécurité (sécurité définie pour chaque service), de meilleures performances (tâches partagées).

4. Le middleware :

Définition du mot MIDDLEWARE :

Logiciel permettant à deux ou plusieurs applications réparties dans un réseau de communiquer entre eux [2].

Il existe plusieurs exemples de middleware :

EAI, ETL, CORBA, HLA, file d'attente de message, pare-feu, ODBC, NEXUS, CFT (SopraGroup).

Le middleware se situe "au-dessous" de l'applicatif, "au-dessus" du système d'exploitation et "entre" deux logiciels ayant besoin de communiquer entre eux ! Par exemple, le couple [SQL*Net + ODBC] forme un middleware. [3]

5. Les technologies de communication pour le modèle C/S:
a. Filaire :
Le réseau filaire est le modèle le plus ancien bien qu'il soit encore fonctionnel on lui a fait entrer des améliorations pour le rendre plus performant. C'est une solution très peu coûteuse et ils sont beaucoup plus sécurisés et rapides que leurs homologues sans fils. On peut relier deux ou plusieurs ordinateurs avec des fils et connecteurs adaptés. Il existe différentes technologies permettant de créer un réseau filaire [4]:

- Le réseau USB :
Grâce à des concentrateurs USB, on peut créer un petit réseau surtout si les ordinateurs se trouvent dans la même pièce.

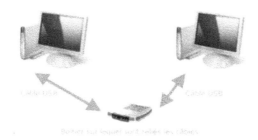

Figure 1.8 : Un réseau filaire par l'utilisation d'un câble USB

- Le réseau Ethernet :
C'est le réseau le plus ancien, le plus puissant et le plus utilisé aussi bien chez les particuliers que chez les professionnels, c'est un réseau à faible coût, le plus évolutif et on peut rajouter des composants à l'infini.

Il ya deux solutions :

- L'utilisation d'un câble croisé :

On peut directement relier seulement deux ordinateurs en les connectant via un câble réseau croisé.

Figure 1.9 : Un réseau filaire par l'utilisation d'un câble croisé

- L'utilisation d'un Hub ou Switch :

Pour une solution dite propre utilisée pour relier deux ou plusieurs ordinateurs, il est préférable qu'on utilise des câbles droits reliés à un concentrateur (Hub) ou mieux à un répartiteur (Switch). Et la différence entre c'est deux derniers est que le Hub envoie des paquets de données à tous les ordinateurs alors que le Switch n'envoie les données qu'à l'ordinateur cible.

Figure 1.10 : Un réseau filaire par l'utilisation d'un Hub ou Switch

b. Sans fil :

Un réseau sans fil (Wireless LAN ou WLAN) est un réseau informatique qui est accessible par la voie des airs. La technologie des réseaux sans fil est disponible depuis 1999, mais plus répandue depuis quelques années seulement.

Les types des réseaux sans fil sont des normes qui permettent de faire communiquer des appareils électroniques sans aucun fil, on distingue trois technologies différentes:

- L'infrarouge :

L'infrarouge est relativement rapide (16 mégabits par seconde sur une portée de 30 mètres au maximum), les périphériques doivent être alignés et se voir, et surtout l'infrarouge ne sert que de technologie de transfert de données.

- Le Bluetooth :

Le Bluetooth est une technologie radio, donc qui n'est pas trop gênée par les obstacles.

On va avoir plus de détails dans le chapitre suivant.

- Le Wifi :

Le Wifi est une norme rapide (jusqu'à 54 mégabits par seconde et plus), avec une grande portée (plus de 100 mètres) mais qui souffre d'une grande consommation et surtout qui n'est prévue que pour le réseau.

6. Avantages de l'architecture C/S :

Le modèle client/serveur est particulièrement recommandé pour des réseaux nécessitant un grand niveau de fiabilité, car c'est une architecture sure et ne risque pas d'être piraté. Ses principaux atouts sont :

- des ressources centralisées : puisque le serveur est au centre du réseau, c'est lui qui va gérer les ressources communes à tous les utilisateurs pour éviter les problèmes de redondance et de contradiction, par exemple une base de données centralisée.

- une meilleure sécurité : car le nombre de points d'entrée permettant l'accès aux données est moins important.

- une administration au niveau serveur : les clients ayant peu d'importance dans ce modèle, ils ont moins besoin d'être administrés.

- un réseau évolutif : l'ajout et la suppression des machines clientes sont possibles dans cette architecture et ceci sans qu'il y ait des modifications ou perturbations dans le fonctionnement du réseau.

7. Inconvénients de l'architecture C/S :

L'architecture client/serveur a tout de même quelques lacunes parmi lesquelles :
- un coût élevé : dû à la technicité du serveur.
- Cette architecture est complexe pour qu'on puisse la mettre en place.
- un maillon faible : le serveur est le seul maillon faible du réseau client/serveur, étant donné que tout le réseau est architecturé autour de lui ! Heureusement, le serveur a une grande tolérance aux pannes (notamment grâce au système RAID)

- Si trop de clients veulent communiquer avec le serveur au même moment, ce dernier risque de ne pas supporter la charge (alors que les réseaux P2P marchent mieux en ajoutant de nouveaux participants) ;
- Si le serveur n'est plus disponible, plus aucun des clients ne marche (par contre le réseau P2P continue à marcher, même si plusieurs participants quittent le réseau).

8. Conclusion :

L'architecture client/serveur représente un des nouveaux concepts utilisés dans l'informatique, et elle a pu se montrer très utile et d'une grande importance. Comme tout système, elle a ses failles, mais ses points forts ont fait d'elle l'une des architectures les plus performantes et sécurisées, en passant par différentes étapes de développement ce qui a différé ses types.

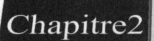

Chapitre2

- ## La Technologie Bluetooth

Bluetooth est une technologie de réseau personnel sans fil, WPAN ; adaptée aux réseaux sans fil à faible portée (quelques dizaines de mètres). Cette technologie permet de relier plusieurs appareils entre eux sans liaison filaire en utilisant des ondes radio avec une bande de fréquence de 2.4GHz comme support de transmission.

Afin d'aborder la technologie Bluetooth, nous détaillerons dans ce chapitre cette technologie et nous présenterons ses limites à la fin.

1. Notion de Bluetooth :

Définition littérale :
Le nom « Bluetooth », mot anglais, signifiant « dent bleue » en français, se rapporte au nom du roi danois Harald II (910-986), surnommé Harald II Blåtand « à la dent bleue », à qui on attribue l'unification de la Suède et de la Norvège ainsi que l'introduction du christianisme dans les pays scandinaves.

Définition technique :
Le Bluetooth est une technologie de communication sans fil (noté WPAN pour *Wireless Personal Area Network*), l'objectif de Bluetooth est de permettre la transmission des données ou de la voix entre des équipements possédant un circuit radio de faible coût, sur un rayon de l'ordre d'une dizaine de mètres à un peu moins d'une centaine de mètres et avec une faible consommation électrique. Aucun câble de connexion n'est nécessaire. Le Bluetooth comprend deux types de connexions : point à point ou multipoint (votre appareil peut se repérer sur plusieurs autres terminaux Bluetooth simultanément).

Les appareils Bluetooth ne nécessitent pas une ligne de vue directe pour communiquer, ce qui rend plus souple son utilisation et permet notamment une communication d'une pièce à une autre, sur de petits espaces.

a. *Caractéristiques :*
- Il existe 3 classes pour l'émission à différentes portées via Bluetooth selon la puissance [5]:

Classe	Puissance (affaiblissement)	Portée
I	100 mW (20 dBm)	100 mètres
II	2,5 mW (4 dBm)	15 – 20 mètres
III	1 mW (0 dBm)	10 mètres

Tableau 01 : caractéristiques de l'émission par Bluetooth

- Le débit d'émission est de l'ordre de 1 Mbps, correspondant à 1600 échanges par seconde en full-duplex.
- Bluetooth a été déposé comme standard à l'IEEE (Institute of Electrical and Electronics Engineers, Inc.), c'est le 802.15,

- Bluetooth fonctionne comme la technologie 802.11b sur la bande de fréquence 2,4 GHz et utilise 79 fréquences différentes.
- Utiliser des ondes radio pour communiquer, sans qu'il y ait une communication visuelle entre les périphériques.
- Les périphériques Bluetooth peuvent se détecter sans intervention de la part de l'utilisateur pour peu qu'ils soient à portée l'un de l'autre.

b. *Normes :*

Le standard Bluetooth (802.15) est découpé en 4 sous standards :
- 802.15.1 : standard déposé et publié à l'aide du groupe Bluetooth, débit de 1Mbit/sec Wireless PAN, Bluetooth v1.x,
- 802.15.2 : recommandations liées à l'utilisation de la bande de fréquence 2,4 GHz, standard non encore validé,
- 802.15.3 : travail en cours sur le haut débit avec la technologie Bluetooth avec des débits allant à plus de 20 Mb/s pour une utilisation multimédia,
- 802.15.4 : travail en cours sur le bas débit avec la technologie Bluetooth [6].

2. Principe de fonctionnement :

Le standard Bluetooth, étant similaire au Wifi, utilise la technique FHSS (*Frequency Hopping Spread Spectrum*, en français *étalement de spectre par saut de fréquence* ou *étalement de spectre par évasion de fréquence*), qui consiste à découper la bande de fréquence (2.402 - 2.480 MHz) en 79 canaux d'une largeur de 1MHz, ces canaux sont appelés hops ou sauts, ensuite on transmet via une combinaison de canaux qui est connue des stations de la cellule.

Sachant que le débit de transmission correspond à 1600 échanges par seconde, c'est-à-dire on va effectuer un changement de canal 1600 fois par seconde, ce qui permet au standard Bluetooth d'éviter toute interférence avec les signaux des autres modules radio.

3. Principe de communication via Bluetooth :

Le standard Bluetooth est basé sur un mode de fonctionnement maître/esclave. Ainsi, on appelle **piconet**, **Scatternet or PTP** [6].

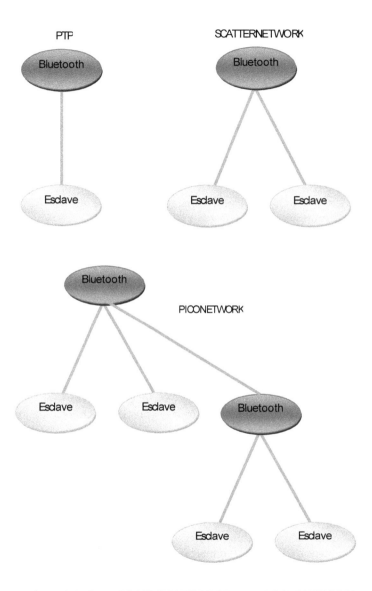

Figure 2.1: PTP, SCATTERNETWORK et PICONETWORK

- PicoNetwork :

    C'est lors de la communication entre les périphériques, que les données de contrôles énoncées plus haut permettent la mise en place d'un réseau. Ce type de réseau peut accueillir au maximum sept appareils esclaves et un maître (généralement un ordinateur). Dans ce cas, le PC agit comme un routeur / switch en aiguillant le trafic entre les différents appareils

- Le ScatterNetwork :

    Donne la possibilité de créer un réseau en rendant le maître d'un PicoNetwork esclave dans un autre. Ainsi, le nombre de périphériques interconnectés peut aller jusqu'à 72, soit 10 PicoNetworks de 8 appareils auxquels il faut en retirer 8 ayant le rôle de passerelle.

- Le PTP :

    Point à point représente la plus petite cellule où seuls deux appareils communiquent entre eux.

4. Les modes de communication :

Bluetooth utilise un système en couches pour la transmission de données (Comme IP). Le niveau le plus bas de la connexion est constitué de deux couches : logique et physique, cette dernière est constituée elle-même des couches Radio Fréquence et Bande de Base, et prend en charge la partie matérielle pour le transfert des bits. La fonction de la couche logique (lien et transport) est de transmettre les données entre deux périphériques dans le cas de transports indépendants.

Au niveau de la couche Radio Fréquence les flux de données à transmettre sont transformés afin d'être émis via le matériel physique de transmission. Pour gérer la communication il existe cinq transports logiques possibles, On peut distinguer deux types de liaisons :

- SCO : Synchronous Connection-Oriented:

Ce type de liaison peut atteindre un débit de plus ou moins 400Kbits/sec en envoi comme en réception (bi-directionnel), ce de manière continue sans interruption de débit et avec la même rapidité de l'esclave vers le maître que dans le sens inverse.

Il sera utilisé de préférence pour le partage de fichiers entre plusieurs périphériques dans le cadre d'un PicoNetwork lorsque chacun d'entre eux veut accéder aux fichiers de l'autre. Une machine maître peut supporter au maximum 3 liaisons du type synchrone avec ses esclaves.

Le flux de données étant continu, il n'y a jamais de rupture du débit. Afin de ne pas avoir les pertes d'informations dues à une erreur de décodage de l'information envoyée, le paquet qui contient l'erreur est alors envoyé à l'émetteur qui ré-adresse l'information. Il existe des cas où l'utilisation de ce type de liaison est impossible avec des appareils dont le but serait de faire transiter des sons tels que la voix, comme avec les téléphones, ou encore avec le casque présenté par Ericsson au Comdex.

- ACL : Asynchronous Connection-less Link :

Le type de liaison ACL permet d'obtenir un débit élevé dans un sens (émission) et faible dans l'autre (réception), Cette direction peut être fixée temporairement par l'utilisateur ou par l'application et implique la définition d'un maître et d'un esclave entre les périphériques communicants. Le taux de transfert peut atteindre respectivement environ 700Kbits/sec - 50 Kbits/sec. On retrouve ce type de connexion dans le cadre d'une utilisation précitée à savoir : accès au web depuis un téléphone mobile via un ordinateur. En effet, il n'est pas forcément nécessaire d'avoir une vitesse d'uploads importante lorsque l'on ne fait que visiter des pages Internet ou lire ses mails.

De même, cette solution sera également celle préférée pour les imprimantes. Il est en effet inutile de réserver une large bande pour communiquer l'imprimante avec le poste de travail. En revanche, les communications asynchrones peuvent présenter des discontinuités. Elles ne sont donc pas adaptées à la transmission de parole, de vidéo (même si le débit actuel, limité à 1 Mbits/s ne permet pas d'envisager de toute façon de solution plein écran), ou de musique.

5. Mode de connexion :

L'établissement de la connexion entre deux périphériques Bluetooth suit un procédé relativement compliqué en assurant un certain niveau de sécurité, et ceci comme suit :

- Mode passif

Lorsque le périphérique est en mode passif, alors il fonctionne normalement et il est à l'écoute du réseau.

- Phase d'inquisition : découverte des points d'accès

L'établissement de la connexion commence par une phase appelée « phase d'inquisition » (en anglais « inquiry »), pendant laquelle le périphérique maître envoie une requête d'inquisition à tous les périphériques présents dans la zone de portée, appelés *points d'accès*. Tous les périphériques recevant la requête répondent avec leur adresse.

- Synchronisation avec le point d'accès (paging)

Le périphérique maître choisit une adresse et se synchronise avec le point d'accès selon une technique, appelée paging, consistant notamment à synchroniser son horloge et sa fréquence avec le point d'accès.

- Découverte des services du point d'accès

Un lien s'établit ensuite avec le point d'accès, permettant au périphérique maître d'entamer une phase de découverte des services du point d'accès, selon un protocole appelé *SDP* (*Service Discovery Protocol*).

- Création d'un canal avec le point d'accès

A l'issue de cette phase de découverte de services, le périphérique maître est en mesure de créer un canal de communication avec le point d'accès en utilisant le protocole *L2CAP*.

Selon les besoins du service, un canal supplémentaire, appelé *RFCOMM*, fonctionnant au-dessus du canal *L2CAP* pourra être établi afin de fournir un port série virtuel. En effet certaines applications sont prévues pour se connecter à un port standard, indépendant de tout matériel. C'est le cas par exemple de certaines applications de navigation routière prévues pour se connecter à n'importe quel dispositif GPS Bluetooth (*Global Positionning System*, un système de géolocalisation par satellite, permettant de connaître les coordonnées terrestres d'un appareil mobile ou d'un véhicule).

- Pairage à l'aide d'un code PIN (sécurité)

Il se peut que le point d'accès intègre un mécanisme de sécurité, appelé pairage (en anglais *pairing*), permettant de restreindre l'accès aux seuls utilisateurs autorisés afin de garantir un certain niveau d'étanchéité du pico-réseau. Le pairage se fait à l'aide d'une clé de chiffrement communément appelée « code PIN » (*PIN* signifie *Personal Information Number*). Le point d'accès envoie ainsi une requête de pairage au périphérique maître. Ceci peut la plupart du temps déclencher une intervention de l'utilisateur pour saisir le code PIN du point d'accès. Si le code PIN reçu est correct, l'association a lieu.

En mode sécurisé, le code PIN sera transmis chiffré à l'aide d'une seconde clé, afin d'éviter tout risque de compromission.

Lorsque le pairage est effectif, le périphérique maître est libre d'utiliser le canal de communication ainsi établi.

- Utilisation du réseau

Après l'établissement de connexion entre les dispositifs, on peut exploiter le réseau en échangeant les données par exemple le transfert des fichiers, ou la commande d'autres appareils via l'appareil maître.

6. Les profils supportés par le Bluetooth :

Le standard Bluetooth permet d'être utiliser en définissant un certain nombre de profils d'application (*Bluetooth profiles*) qui ne sont que des couches logicielles standardisées qui permettent de définir le type de services offerts par un périphérique Bluetooth et la communication entre deux périphériques. Et sachant que chaque périphérique a la possibilité de supporter plusieurs profils, on peut citer les principaux profils Bluetooth dans la liste ci-dessous :

- Advanced Audio Distribution Profile (A2DP) : profil de distribution audio avancée.
- Audio Video Remote Control Profile (AVRCP) : profil de télécommande multimédia.
- Basic Imaging Profile (BIP) : profil d'infographie basique.
- Basic Printing Profile (BPP) : profil d'impression basique.
- Cordless Telephony Profile (CTP) : profil de téléphonie sans fil.
- Dial-up Networking Profile (DUNP) : profil d'accès réseau à distance.
- Fax Profile (FAX) : profil de télécopieur.
- File Transfer Profile (FTP) : profil de transfert de fichiers.
- Generic Access Profile (GAP) : profil d'accès générique.
- Generic Object Exchange Profile (GOEP) : profil d'échange d'objets.
- Hardcopy Cable Replacement Profile (HCRP) : profil de remplacement de copie lourde.
- Hands-Free Profile (HFP) : profil mains libres.
- Human Interface Device Profile (HID) : profil d'interface homme-machine.
- Headset Profile (HSP) : profil d'oreillette.
- Intercom Profile (IP) : profil d' interphone (talkie-walkie).
- LAN Access Profile (LAP) : profil d'accès au réseau.
- Object Push Profile (OPP) : profil d'envoi de fichiers.
- Personal Area Networking Profile (PAN) : profil de réseau personnel.
- SIM Access Profile (SAP) : profil d'accès à une carte SIM.
- Service Discovery Application Profile (SDAP) : profil de découverte d'applications.
- Synchronization Profile (SP) : profil de synchronisation avec un gestionnaire d'informations personnelles (appelé *PIM* pour *Personal Information Manager*).
- Serial Port Profile (SPP) : profil de port série.

7. Bluetooth et Java :

L'utilisation de cette technologie en Java est relativement simple. Le souci est simplement de trouver une implémentation qui va bien.

La programmation Java appliquée au Bluetooth nécessite le package *javax.bluetooth* provenant de la spécification JSR 82.

Le principe de fonctionnement consiste en un système C/S classique, basé sur un protocole particulier. Le protocole Bluetooth se décompose en deux parties, d'un coté les couches et de l'autre les profiles ou services [7].

- Les threads :

Les terminaux mobiles étant de faible puissance, il faut utiliser la mémoire disponible et les temps processeur de manière optimale. Le concept de threads est appliqué lorsqu'un programme s'exécute et le système crée un processus dédié

auquel il alloue une certaine quantité de mémoire et un temps processeur. De ce fait, un programme peut être amené à créer un ou plusieurs sous-processus pour permettre l'exécution en parallèle de plusieurs opérations.
Lors de la recherche de périphériques, à partir des touches du clavier on peut lancer ou interrompre la classe à implémenter qui est considérée comme un Thread.

Cependant, pour gérer ces actions possibles, le système des threads utilisé en étendant la classe de base « Threads » permet de la mettre à tout moment dans quatre états différents [8]:

- création via la méthode : run()
- exécutable via la méthode : start()
- en exécution testée via la méthode : isAlive()
- bloquée via la méthode : wait (temps en millisecondes)
- Exemple de méthodes de recherche Bluetooth :

Plusieurs méthodes de classe capables de rechercher des appareils dont la fonction Bluetooth est activée et se trouvant en mode détectable peuvent être implémentées.

1. Pour pouvoir utiliser les classes fournies nécessaires aux exceptions et au stockage des équipements Bluetooth détectés, on importe :

```
import javax.bluetooth.*;
import java.io.IOException;
import java.util.Hashtable;
```

2. On déclare une nouvelle classe qui hérite de la classe de base Thread et implémente l'interface DiscoveryListener provenenant du package javax.bluetooth. Cette dernière est naturellement abstraite, il va falloir implémenter les méthodes qu'elle définit : deviceDiscovered(), servicesDiscovered(), serviceSearchCompleted() et inquiryCompleted().

```
public class BT extends Thread implements DiscoveryListener{
public BT(){
prhs_bluetooth = new Hashtable();
serviceURL = "";
nom_prh_bluetooth = "";
recherche_prh = false;
recherche_service = false;
 fermerBT = false;
      }  }
```

Le constructeur de la classe inclut six variables utiles ; Ces variables sont déclarées comme suit :

```
private Hashtable prhs_bluetooth; // une variable de stockage des périphériques
```
trouvés
```
private String serviceURL; // des strings mémorisant l'url d'un périphérique
private String nom_prh_bluetooth;  // des strings mémorisant le nom du
```
périphérique

```
private boolean fermerBT;
private boolean recherche_prh;
private boolean recherche_service;
```
Booléens nécessaires pour connaître l'état de la recherche.
```
private DiscoveryAgent agent_recherche;// Agent de recherche.
```

3. La première méthode à coder sera nommée setupBT(). Mais avant il faut vérifier si le mobile sur lequel on exécute l'application possède une puce Bluetooth. Dans le cas où il n'en posséderait pas, une exception est levée. Si au contraire le Bluetooth est supporté, il faut mettre en œuvre l'agent de recherche d'équipement Bluetooth qui existe dans la JVM et on lance la recherche via la méthode startDeviceSearch() :

```
private void setupBT(){
    try{
        LocalDevice notre_mobile =LocalDevice.getLocalDevice();
        agent_recherche = notre_mobile.getDiscoveryAgent();
    }
    catch(BluetoothStateException bluetoothstateexception){
    System.err.println("Bluetooth non supporté." + bluetoothstateexception);
    }
}
```

4. On détaille la méthode startDeviceSearch(). On passe la valeur de recherche_prh à true pour signaler que l'action est en cours et on avertit les autres processus.

```
public void startDeviceSearch() {
                                recherche_prh = true;
                                synchronized(this) {
                                        notify();
                                }
                }
```

Voici la méthode principale run() qui orchestre le fonctionnement de la classe BT; elle se comporte comme suit : initialisation du Bluetooth et, si la connexion n'est pas interrompue, on teste les variables booléennes qu'on avait défini auparavant pour connaître dans quel état se trouve la recherche.

```
public void run(){
    setupBT();
    while(!fermerBT)
        if(recherche_prh)
            discoverDevices();
        else   if(recherche_service)
            discoverService();
```

```
                        else synchronized(this) {
        try{ wait();}
        catch(InterruptedException interruptedexception){
                System.err.println("Un autre thread a relancé run" +
                interruptedexception);}
                }
```

L'appel à la méthode discoverDevices() lance la recherche par l'intermédiaire de l'agent en invoquant startInquiry. Ses paramètres sont : un IAC (Inquiry Access Code) de type GIAC (Generic IAC : 0x9e8b33) utilisé par défaut pour rechercher tous les périphériques se trouvant à portée, ainsi que le listener de découverte (DiscoveryListener).

```
        private synchronized void discoverDevices() {
                recherche_prh = false;
                prhs_bluetooth.clear();
                try {
                        agent_recherche.startInquiry(0x9e8b33, this);
                }
                catch(BluetoothStateException bluetoothstateexception) {
                        System.err.println("Erreur") ;
                                                                        }
                                                }
```

Une fois un périphérique trouvé, la méthode *deviceDiscovered()* est appelée, elle récupère son nom et son adresse. Si les des données n'existent pas dans le Hashtable prhs_bluetooth, alors on les ajoute.

```
        public void deviceDiscovered(RemoteDevice phr_decouvert,
DeviceClass type_phr){
        String s;
        try {s = phr_decouvert.getFriendlyName(true);}
        catch(IOException ioexception){
                s = phr_decouvert.getBluetoothAddress();}
        RemoteDevice remotedevice1 =
        (RemoteDevice)prhs_bluetooth.get(s);
        if(remotedevice1 == null){
        prhs_bluetooth.put(s, phr_decouvert)
                                }
                        }
```

5.   Lorsqu'on termine la recherche on peut afficher un message en utilisant la méthode héritée : *inquiryCompleted()*.

```
        public void inquiryCompleted(int arg0) {
```

```
fermerBT = true;
System.out.println("fin de la recherche");
                    }
```

Les autres méthodes annoncées au deuxième point sont utiles pour la recherche de services sur les périphériques Bluetooth qui ont été trouvés. *servicesDiscovered()* : permet de récupérer l'URL du premier service offert par l'appareil sélectionné. *serviceSearchCompleted()* : est enfin appelée lorsque l'URL a été récupérée.

8. Exemples de périphériques utilisant Bluetooth :

Parmi tous les appareils plus au moins récents qui disposent de la technologie Bluetooth, on va citer les exemples suivants :

Figure 2.2 : Kit Bluetooth Oreillette, Bluetooth ou Mains libres de voiture

Figure 2.3: Téléphone sans fil

Figure 2.4 : Casque

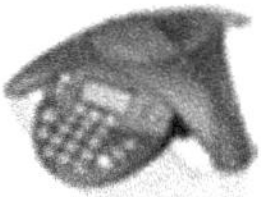

Figure 2.5: Téléconférence

Figure 2.6 : Des imprimantes.

Figure 2.7: Des lecteurs MP3.

Figure 2.8 : Claviers et des souris sans fil.

Figure 2.9 : PDA ou des PC.

Figure 2.10 : Récepteurs GPS.

Figure 2.11 : Télécommandes.

Figure2.12 : Appareils photos numériques.

Figure 2.13 : Modems sans-fils.

Figure 2.14 : Manettes de consoles de jeux (Nintendo Wii ou Playstation 3).

Etc....

9. Conclusion :

Bluetooth est une technologie caractérisée par son faible coût, sa faible consommation, sa taille réduite, sa disponibilité dans le monde entier (via la bande ISM) et la possession d'une bonne résistance aux interférences.

Mais comme toute technologie, cette dernière a aussi ses limites qui se présentent dans le fait qu'elle a :

- Des problèmes de compatibilité entre les puces provenant des divers industriels.
- Un faible débit.
- Un nombre de périphériques en réseau limité.
- Sa principale concurrente est la norme IEEE802.11 (WIFI) qui a une portée plus importante et qui nous permet aussi d'accéder à l'internet avec un débit plus important.
- Et que la spécification Bluetooth 1.2 a été publiée et elle promet un débit 3 fois plus rapide pour une consommation 2 fois moindre ; mais c'est toujours insuffisant pour que ce réseau, quoi qu'il en soit, soit performant pour les applications actuelles de faible consommation.

Chapitre3

Le Java 2 Platform, Micro Edition (J2ME) et de la technologie Bluetooth sont les deux offres les plus intéressantes dans l'industrie du sans fil d'aujourd'hui. J2ME, la plus compacte des trois plates-formes Java, est par nature portable et Bluetooth est une courte portée universelle de connectivité sans fil pour les appareils électroniques et les appareils mobiles.

Bluetooth et J2ME travaillent ensemble pour contrôler des appareils mobiles. Bluetooth permet la communication entre les dispositifs sans fil et J2ME nous permet d'écrire des applications personnalisées et de les déployer sur ces dispositifs mobiles, ce qui engendrera, par exemple la possibilité de pouvoir verrouiller et de déverrouiller la voiture, l'utilisation de votre porte de garage, et le contrôle de votre téléviseur, magnétoscope, lecteur DVD, appareils électroménagers et autres biens de consommation.

Bien que le matériel Bluetooth ait avancé, il n'y a eu aucun moyen standard pour développer des applications Bluetooth, jusqu'à ce que le JSR 82 entre en jeu.

1. Définition du JSR-82 :

JSR-82 est un standard défini par le JCP (Java Community Process) ; ce standard est libre (open source) et fourni pour le développement des applications Bluetooth en Java. JSR 82 est basé sur la version 1.1 de la spécification Bluetooth.

L'API du JSR-82 dissimule les complexités de la pile du protocole Bluetooth en présentant un ensemble simple des APIs Java.

Le JSR-82 peut être téléchargé à partir du lien :

http://jcp.org/aboutJava/communityprocess/final/jsr082/index.html

Prérequis :

Pour développer une application Bluetooth en Java avec JSR-82 nous avons besoin de:

- La pile Bluetooth complaisant de JSR-82 :

Pour un bon développement et test d'une application Java Bluetooth on a besoin du JSR-82 ainsi qu'un environnement de simulation tel que le Sun Java Wireless Toolkit, ou une réelle pile (Java Bluetooth Stack) comme ElectricBlue ou Avelink. Le simulateur nous permet de tester l'application Bluetooth dans un environnement de simulation sans avoir accès au dispositif Bluetooth réel.

- Dispositif Bluetooth local :

L'utilisation d'un simulateur n'est pas nécessaire mais on a besoin d'un 'Bluetooth enabled system' (Système Bluetooth activé) pour tester l'application Bluetooth en monde réel au dessus de la pile Java Bluetooth. Le 'Bluetooth enabled system' peut être une 'dent Bluetooth USB' branchée au système ou bien un élément intégré dans le dispositif Bluetooth. L'application java s'exécute sur le dispositif Bluetooth et ce dernier est appelé 'LocalDevice' en JSR-82.

2. Capacités du JSR-82 :

L'API JSR-82 nous fournit des options pour pouvoir réaliser ce qui suit :

1- Gérer les paramètres du dispositif Bluetooth local.
2- Découvrir les autres dispositifs Bluetooth dans le voisinage.
3- Rechercher des services Bluetooth pour les dispositifs Bluetooth découverts.
4- Se connecter et communiquer avec un de ces services Bluetooth.
5- Enregistrer le service Bluetooth dans le dispositif Bluetooth local de manière que d'autres dispositifs Bluetooth peuvent se connecter à ce dernier.

6- Gérer et contrôler les connexions de communication.

7- Fournir la sécurité pour toutes les options précédentes.

L'API JSR-82 peut être classée dans les sections suivantes :
- Paramètres de manipulation du LocalDevice.
- Device Discovery.
- Service Discovery.
- Service d'enregistrement.
- L2CAP.
- SPP.

Sur ces sections, la classe LocalDevice fournit le niveau le plus bas de l'accès à la pile Bluetooth.

3. Initialisation :

La classe « LocalDevice »peut être considérée comme un point d'entrée basic pour l'API JSR-82. Elle est utilisée pour initialiser la pile du JSR-82, et contrôler les paramètres Bluetooth locaux.

La classe LocalDevice représente le dispositif Bluetooth local. Les périphériques Bluetooth actuels peuvent intégrer des puces Bluetooth dans le cas des derniers ordinateurs portables et téléphones portables ou on associe aux ordinateurs des interfaces USB ou UART. Quelque soit la forme qu'un périphérique peut avoir, elle peut être manipulée à l'aide des méthodes de la classe LocalDevice.

- Les méthodes Local Device:
  - *public static LocalDevice getLocalDevice () :*

La classe LocalDevice produit un objet singleton. C'est-à-dire en tout cas il n'y a qu'une seule instance de la classe dans la VM. Ainsi, les applications ne peuvent pas directement instancier cette classe. Pour obtenir une instance de cette classe l'application invoque la méthode *getLocalDevice ()*. Plusieurs appels à cette méthode vont retourner le même objet. Cet objet peut être utilisé pour invoquer d'autres méthodes de cette classe. En effet, cette méthode est le point d'entrée de l'API JSR-82, et initialise la pile Bluetooth sous-jacente du JSR-82.

- *public java.lang.String getBluetoothAddress() :*

Cette méthode renvoie l'adresse unique du dispositif Bluetooth comme une chaîne de caractères.

Chaque appareil Bluetooth dispose de 48-bits ou 6 octets de valeur qui est appelée l'adresse du périphérique Bluetooth. Il s'agit de la valeur unique qui différencie un appareil Bluetooth de l'autre. On peut avoir par exemple l'adresse suivante 00:55:34: A6: 56:89 comme adresse du périphérique.

Le ':' utilisé pour séparer chaque octet, et ne fait pas partie de l'adresse. Cela est généralement utilisé pour présenter l'adresse dans une forme lisible.

- *public java.lang.String getFriendlyName() :*

Cette méthode renvoie le nom convivial de l'appareil Bluetooth. Il n'est pas si facile de se souvenir des 6 octets de l'adresse du dispositif Bluetooth, et donc, pour pouvoir reconnaître le périphérique Bluetooth on lui attribue un nom convivial qui est une chaîne de caractère.

- *public DeviceClass getDeviceClass() :*

Cette méthode renvoie la classe de l'appareil Bluetooth comme un objet de DeviceClass. La classe DeviceClass a des méthodes pour récupérer la classe du périphérique majeur, la classer de périphérique mineur et les classes de service du dispositif.

Chaque appareil Bluetooth dispose d'une classe de périphérique ou CoD (Class of Device). Ce champ contient des informations sur le type de périphérique et les types de service sont pris en charge par le dispositif. Par exemple, si le dispositif Bluetooth est un mobile alors dans le domaine de la classe de périphérique, le bit particulier représentant le mobile doit être fixé. De même pour les services tels que l'imagerie le bit devrait être fixé dans le domaine de CoD [7].

- La visibilité :

Les périphériques Bluetooth ont habituellement une façon de découvrir tous les autres périphériques Bluetooth voisins à portée. Mais dans certains cas, l'utilisateur du dispositif voudra peut-être cacher son appareil des autres appareils en recherche. C'est tout comme la connexion à une instance de messagerie et de nous faire invisible. Le dispositif caché peut voir tous les autres périphériques Bluetooth (qui ne sont pas cachés) et peut effectuer des opérations de Bluetooth, mais la seule différence est que, il sera invisible dans le réseau Bluetooth. Plus tard, lorsque l'utilisateur du dispositif souhaite le rendre visible, il peut faire découvrir l'appareil de sorte qu'il devient à nouveau visible dans le réseau Bluetooth.

- Les Méthodes liées:
  - *public boolean setDiscoverable(int mode) :*
    Cette méthode peut être utilisée pour rendre le dispositif visible/invisible.
    En effet, cette méthode définit le mode de découverte de l'appareil.
    Les modes valides sont : *DiscoveryAgent.GIAC, DiscoveryAgent.LIAC, DiscoveryAgent.NOT_DISCOVERABLE.*

  - *public int getDiscoverable() :*

    Cette méthode renvoie le mode actuel de l'appareil Bluetooth.
- Propriétés du dispositif :

- *public static java.lang.String getProperty(java.lang.String property) :*

   Le dispositif local Bluetooth est associée à certaines propriétés qui précisent les caractéristiques du dispositif de soutien et aussi de certaines valeurs liées aux fonctions. Tous ceux-ci peuvent être récupérés par l'application qui s'exécute au-dessus de jsr82.

4. Découverte des dispositifs :

   JSR-82 fournit la classe DiscoveryAgent pour effectuer la découverte de périphériques et de services. La classe LocalDevice fournit une méthode «getDiscoveryAgent » qui renvoie une instance du singleton DiscoveryAgent.

   Cette instance peut alors être utilisée pour découvrir d'autres périphériques Bluetooth et services.

- *public DiscoveryAgent getDiscoveryAgent() :*

   Il a été mentionné plus tôt que les appareils Bluetooth peuvent rechercher d'autres périphériques Bluetooth dans leur voisinage. Dès qu'un périphérique est trouvé, il peut être recherché pour des services spécifiques. Tout ceci est rendu possible par la classe DiscoveryAgent. Cette classe utilise des méthodes de recherche à la fois pour les périphériques Bluetooth et les services. Un dispositif local peut avoir une seule instance de l'agent et cette découverte est récupérée en utilisant la méthode *DiscoveryAgent* [8].

5. Découverte des services :

   Après la découverte des dispositifs Bluetooth vient la recherche des services pour les dispositifs découverts.
   Service local de base de données :
   Chaque appareil Bluetooth dispose d'un service de base de données dans laquelle il peut s'inscrire de manière à permettre à d'autres périphériques Bluetooth de l'utiliser.

   Les détails de chaque service sont tenus comme un objet de classe ServiceRecord.
   Chaque service est associé à un objet de notification qui l'enregistre. En JSR-82, il y a des informant de L2CAP et SPP. Pour récupérer un service correspondant à un service, l'auteur de la notification qui a enregistré le dossier est nécessaire. Une fois le service rendu est récupéré depuis le service local de base de données, il peut être mis à jour avec les nouvelles valeurs et la modification de la notice peut être ajoutée à la base de données des services.

Les Méthodes liées:

- *public ServiceRecord getRecord(javax.microedition.io.Connection notifier) :*
Cette méthode est le service qui correspond à un btspp ou btl2cap notifiant.

- *public   void   updateRecord(ServiceRecord   srvRecord)   throws ServiceRegistrationException :*
Mises à jour de service dans le local SDDB qui correspond au paramètre du ServiceRecord. La mise à jour n'est possible que si srvRecord a été obtenu en utilisant la méthode getRecord ().

Ce sont les opérations qui peuvent être effectuées à l'aide de la LocalDevice.

6. SPP Serveur et SPP Client :
a. SPP Serveur :

Pour l'initialisation de n'importe quel service Java Bluetooth, on doit suivre les étapes suivantes :

- Construction de l'URL de connexion :
L'URL de connexion consiste en un protocole d'identification, l'UUID du service et bien d'autres attributs optionnels. Depuis la création du SPP service, le protocole d'identification sera "btspp" et l'UUID du SPP service est défini par 1101. Cette étape est réalisée par le code suivant :
1. *//Create a UUID for SPP*
2. UUID uuid = **new** UUID("1101", **true**);
3. *//Create the servicve url*
4. **String** connectionString = "btspp://localhost:" + uuid +";name=Sample SPP Server";

- Enregistrement du service et attente de la connexion d'un client :
Cette étape consiste à enregistrer le service et attendre qu'un client se connecte, elle est accomplie par le code suivant :
1. *//open server url*
2. StreamConnectionNotifier streamConnNotifier
   = (StreamConnectionNotifier)Connector.open(connectionString);
3. *//Wait for client connection*
4. StreamConnection connection = streamConnNotifier.acceptAndOpen ();

La méthode (acceptAndOpen) attend jusqu'à ce qu'un client se connecte.

- Communication avec le client :
Une fois le client connecté, on utilise l'objet qui retourne la connexion pour ouvrir le flux des entrées et sorties avec le client. Maintenant on a une

connexion de flux avec un dispositif Bluetooth de contrôle qui peut être utilisée pour développer des applications.

   b. SPP Client :

   L'écriture du code côté client en JSR-82 est très simple, elle passe par les étapes suivantes :

- Trouver l'URL de connexion du service :
Si on connait l'URL du serveur auparavant, alors on peut sauter cette étape. Elle consiste en la recherche d'un service et de donner son URL de connexion.

- Connexion au serveur :
Une fois l'URL de connexion est connue, la connexion au serveur se fait simplement via la "Connector.open" et ouvre les flux d'entrées/sorties à partir de l'objet de création de connexion. Le reste est, à notre logique, pour construire l'application sur la base de cette connexion.

7. Simulation des JABWT utilisant le simulateur JSR-82 :

   Toute personne qui est en développement JSR-82 pour une application facile utilise un simulateur JSR-82 sur lequel elle peut tester son application. Le test sur les dispositifs peut être très long, et ne peut pas être réalisable dans tous les cas. Le simulateur JSR-82 imite l'environnement réel Bluetooth, en fournissant un moyen pour les développeurs Java Bluetooth pour tester leurs applications JSR-82 sans effort, et sans avoir besoin de l'appareil Bluetooth.

   Les simulateurs principaux JSR-82 disponibles aujourd'hui sont Java Wireless Toolkit de Sun, BlueSim de JSRSoft et Impronto de Rococo. Java Wireless Toolkit est un simulateur pour une large gamme d'API J2ME, et donc est le plus téléchargeable, et les plus difficiles à configurer. Il ne permet que des simulations J2ME, et n'est pas indépendant de la plateforme. BlueSim et Impronto sont à la fois indépendant de la plateforme et soutient J2SE et J2ME [6].

8. Conclusion :

   Les APIs JAVA pour Bluetooth n'implémentent pas la spécification du Bluetooth mais plutôt elles fournissent un ensemble d'APIs pour accéder et contrôler les dispositifs Bluetooth. Le JSR-82 s'occupe principalement de fournir les capacités Bluetooth pour les dispositifs permettant l'utilisation du J2ME.

Chapitre4 • Mise En Œuvre

Longtemps les téléphones portables ont été limités à des affichages simplistes, quelques lignes de texte avec un fond gris et 4 couleurs.

L'évolution technologique fait qu'aujourd'hui des téléphones plus puissants, avec plus de mémoire et un meilleur affichage, apparaissent pour des coûts qui diminuent. [9]

Sun propose une version allégée de java adaptée aux appareils de faible puissance appelée J2ME, qui nous a permis de créer notre application mobile.

1. Outil de développement :

Pour développer cette application nous avons utilisé :

- Java :

Comme langage de programmation, il permet de programmer des applications destinées aux dispositifs mobiles très variés dotés de la JVM (Java Virtual Machine) [10].

- J2ME :

(Java 2 Micro Edition) qui nous a permis de créer les applications pour les téléphones mobiles et plus précisément les API JSR82 qui nous ont permis de manipuler les dispositifs Bluetooth comme technologie de communication [11].

- NetBeans IDE :

(Integrated Development environment)

C'est un environnement de développement, développé par sun, et diffusé gratuitement en open source sur le site www.netbeans.org.

Nous avons utilisé la plate-forme Wireless Toolkit qui présente l'interface d'exécution pour les applications en J2ME utilisant CLDC/MIDP.

Figure 4.1 : L'outil de développement NetBeans IDE 6.5

- Deux téléphones portables [12]:

Pour la réalisation de notre application, nous avons utilisé deux mobiles (un utilisé comme serveur et l'autre comme client) qui supportent JABWT (Java API Bluetooth Wireless Technologie) ; c'est le Nokia (N78) et le Nokia (N96).

Et pour assurer un bon fonctionnement de l'application envisagée le téléphone portable doit avoir la configuration minimale suivante :
- Support du profil MIDP2.0.
- Une configuration CLDC1.0.

2. Description détaillée de l'application :

    a. Les applications mobiles :

La plupart des applications mobiles utilisent la plate forme Java Micro Edition (Java ME), qui a été développée pour les petits appareils tels que les téléphones portables et les PDA.

Java ME utilise des sous-ensembles réduits des composants, APIs et machines virtuelles de Java SE.

Java ME inclue dans NetBeans supporte les deux configurations de base de la plate-forme Java ME CLDC et CDC et les profils MIDP :

- CLDC (Connected Limited Device Configuration) :

Est destinée pour les appareils à mémoire et puissance de traitement, limitées par rapport aux dispositifs de base CDC. Le MIDP (Mobile Information Device Profile) est basé sur le CLDC et plus de deux milliard de dispositifs MIDP sont utilisés dans le monde entier.

- CDC (Connected Device Configuration) :

Est destinée aux appareils avec mémoire, puissance de traitement et connectivité réseau plus importantes tels que les téléphones intelligents, les set-up boxes et les serveurs et dispositifs embarqués.

- MIDP (Mobile Information Device Profile) :

Ce profil nécessite l'implémentation de référence CLDC et fournit des classes pour l'écriture d'applications téléchargeables qui tournent sur des terminaux mobiles. Il permet le téléchargement de nouveaux services d'intérêt pour le client, comme les jeux, les applications de commerce et les services de personnalisation. Le profil MIDP fournit une plate-forme standard pour les petits terminaux d'informations mobiles, aux ressources et connectivité sans fil limitées, avec les caractéristiques suivantes :
- 512ko de mémoire totale (ROM+ RAM) disponible pour le Run-time Java et ses bibliothèques.
- Puissance et batterie limitées.
- Connectivité à certains types de réseaux sans fil à la bande passante limitée.
- Interface utilisateur à différents niveaux de sophistication [11].

    b. Notre application :

Notre projet consiste à créer deux applications, la 1ère est l'application côté serveur qui publie ses trois services (Horaires, liste des médecins disponibles et l'affiche de l'aide) et la 2ème est l'application côté client qui permet à tout utilisateur équipé d'un outil de communication personnel (téléphone portable, PDA…) d'accéder aux services publiés par le serveur via une liaison Bluetooth.

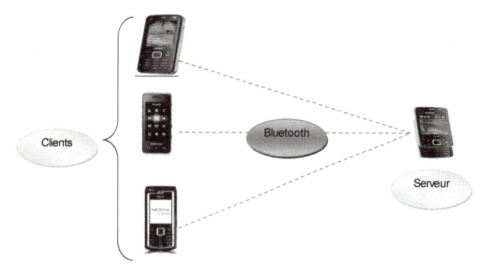

Figure 4.2 : Liaison Bluetooth entre 1 ou plusieurs clients et un serveur

c. Diagrammes UML :

Dans cette étape, on décrit le système suivant un diagramme de cas d'utilisation et ceci pour déterminer les fonctions principales du système. Ensuite, on va détailler chaque cas d'utilisation sous forme contextuelle en scénarios et chaque scénario sera représenté par la suite par un diagramme de séquence.

Les cas d'utilisation relatent l'interaction des acteurs avec le système. Et cette interaction est décrite suivant le point de vue de l'acteur.

1- Diagramme de cas d'utilisation :

Les acteurs : les utilisateurs du système, l'administrateur.
Les cas d'utilisation :
Cas d'utilisation N° 1 : Acquisition d'un service.
Cas d'utilisation N° 2 : Publication des services.
Les scénarios : Le scénario qui va être représenté par le diagramme de séquence est celui du 1er cas d'utilisation. Il présente les différentes étapes par lesquelles on doit passer pour pouvoir accéder à un service.

Scénario du cas d'utilisation : « Acquisition d'un service »
- Le serveur active le Bluetooth et publie les services par défaut.
- Lancement de l'application client par l'utilisateur.
- Recherche des dispositifs qui ont le Bluetooth actif.
- Sélection du serveur.
- Recherche des services présentés par le serveur.
- Sélection du service désiré.
- Demande de téléchargement du service.
- Autorisation de la connexion au serveur.
- Affichage du service sur l'écran du client.

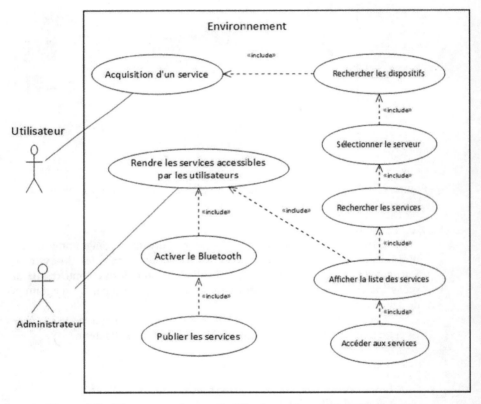

Figure 4.3 : Diagramme de cas d'utilisation « Acquisition d'un service »

2- Diagramme de séquences :

Les diagrammes de séquence représentent l'aspect temporel des interactions et montrent le sens de ces interactions (acteur vers système ou le contraire).

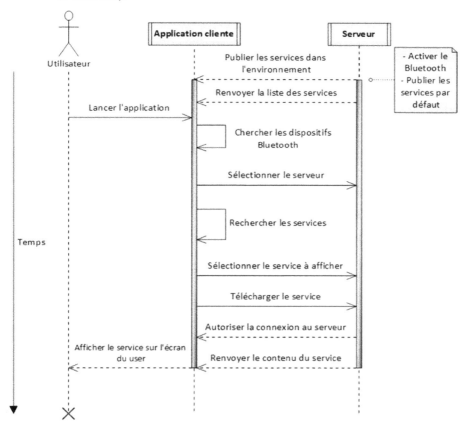

Figure 4.4 : Diagramme de séquence du cas d'utilisation

d. Mise en Œuvre :

Pour l'installation des applications, on transfert les fichiers avec l'extension (.jar) et (.jad) dans la mémoire des portables.

1. Application Serveur :

L'application Serveur est installée dans un portable, et cette application contient des services qui sont représentés par des cartes. Et les figures qui vont suivre représentent les différentes étapes par lesquelles passe le serveur.

Lorsque l'application est lancée, on va avoir les deux fenêtres suivantes :

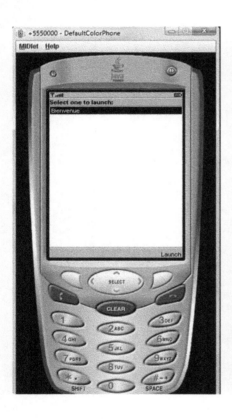 

Figure 4.5 : Fenêtre du lancement du serveur

Après le lancement de l'application on procède à l'activation du Bluetooth. Ensuite les services disponibles sur le serveur vont être affichés, comme indiqué dans la figure 4.6

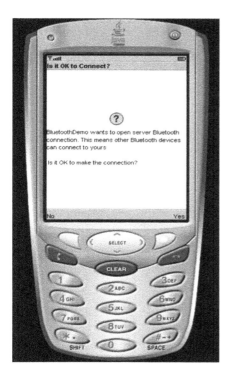

Figure 4.6 : Fenêtre d'activation du Bluetooth et des services.

Les fenêtres suivantes représentent la liste des services publiés avec un affichage de l'aide concernant l'affichage des services.

Figure 4.7 : Fenêtre d'affichage des services publiés.

2. Application Client :

De son côté, l'application client est installée sur un second téléphone portable.

Et les démarches avec lesquelles l'utilisateur va procéder vont être représentées avec les figures suivantes :

Après que l'utilisateur lance l'application, les fenêtres suivantes vont être affichées sur son écran comme le montre la figure ci-dessous.

Pour découvrir les dispositifs, c'est à l'utilisateur de sélectionner ce choix.

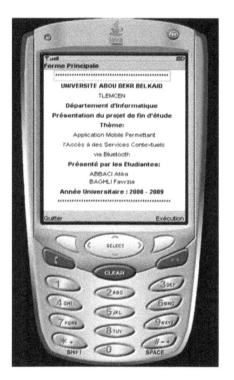 

Figure 4.8 : Lancement de l'application côté client.

Après qu'on ait choisi de découvrir les périphériques qui sont dans notre périmètre, le programme va lancer la recherche ; si aucun dispositif n'est trouvé alors il nous indiquera qu'il n'y a aucun dispositif. Ceci est indiqué dans la figure 4.9 :

Figure 4.9 : Recherche des dispositifs

Dans le cas où on trouvera des dispositifs avec le Bluetooth activé, on aura un affichage de ces derniers avec un Ticker indiquant le nombre des périphériques trouvés, selon la figure suivante :

 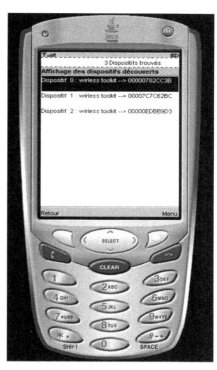

Figure 4.10 : Affichage des dispositifs découverts par l'utilisateur.

Après que l'utilisateur ait choisi le serveur, il procèdera à la recherche des services présentés par ce dernier.

Figure 4.11 : Lancement de la recherche des services du serveur.

Au cas où le serveur n'ait pas publié ses services un message d'erreur s'affichera indiquant l'absence des services, sinon la liste des services publiés sera affichée, tel qu'il est indiqué dans les fenêtres ci-dessous.

 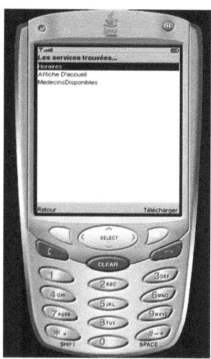

Figure 4.12 : Affichage des services

Après le choix du service à télécharger, on devrait autoriser la connexion Bluetooth du client et par la suite on procèdera au téléchargement du service (qui est une carte) désiré.

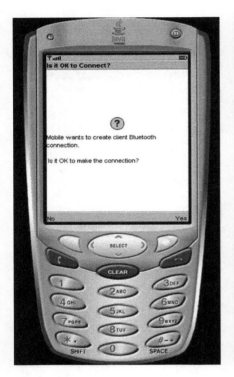

Figure 4.13 : Téléchargement des services.

Après le téléchargement des trois cartes disponibles sur le serveur, leur affichage sur l'écran de l'utilisateur sera comme indiqué dans les trois figures suivantes :

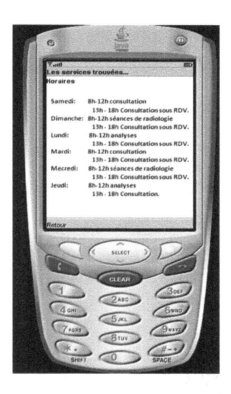

Figure 4.14 : Affichage des Horaires de travail.

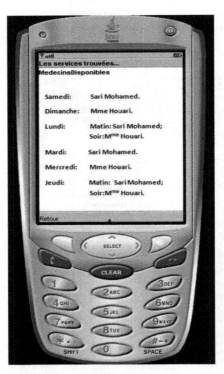

Figure 4.15 : Affichage de la liste des médecins disponibles.

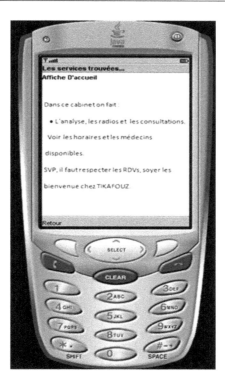

Figure 4.16 : Affichage de l'affiche d'accueil.

3. Conclusion :

La mise en œuvre de notre application a été présentée par ce chapitre où on a décrit les différentes étapes par lesquelles on est passé pour implémenter notre programme.

L'utilisation des diagrammes UML nous a permis d'avoir une idée plus claire sur le fonctionnement de l'application.

Grâce à sa simplicité, sa portabilité, sa sûreté et son ergonomie, le J2ME devient de plus en plus populaire parmi les débutants et les professionnels.

Cette application peut être utile dans tout endroit de services publics tels que les gares, les aéroports, les hôpitaux, ... et elle permettra à toute personne équipée d'un appareil multimédia d'éviter le déplacement entre les bureaux pour l'obtention de simples informations.

• Conclusion Générale

CONCLUSION GÉNÉRALE

De nos jours, l'exploitation de réseaux de communication sans fil, et surtout ceux à courte distance, est très répandue, vue la simplicité, l'exploitation à faible coût et les avantages que ces derniers présentent.

L'élaboration de notre projet de fin d'études, nous a permis d'avoir une idée plus clair sur la mise au point d'un programme permettant la communication entre deux mobiles, et qui met en valeur la technologie Bluetooth.

Cette étude nous a également permis de nous initier dans le domaine de la communication sans fil, qui est très répandu, vue son utilité, et de nous initier au langage de programmation dédié aux plates-formes mobiles (téléphones portables, PDA, ...). Ceci nous permettant, par ailleurs, de comprendre le principe de fonctionnement de l'architecture client/serveur !

Pour la concrétisation de cette application, nous avons pris un exemple concret : la publication des services installés sur un mobile, considéré comme le serveur d'un centre hospitalier, et qui consiste en l'affichage de la LISTE des médecins de garde, l'emploi du temps et un message d'accueil ; par ailleurs, l'application client installée sur un autre dispositif permet à chaque utilisateur désirant découvrir les services du dit-centre de se connecter au serveur, d'accéder au service et d'afficher le service désiré sur l'écran de son portable.

Cette application peut être exploitée dans tous les lieux publics, tels que : les gares, les aéroports, les forums, et tout site de service public...et ceci pour éviter aux citoyens de se déplacer entre les bureaux pour obtenir une simple information !!!

Même si cette application ne peut être installée sur tous les mobiles multimédia, à cause des problèmes de configuration et de compatibilité, les APIs du JABWT sont en voie de développement pour pouvoir globaliser l'utilisation de telles applications.

En finalité, on vise l'amélioration de notre application pour que la communication puisse être établie entre un PC et un téléphone portable, en ajoutant des "services plus" tels que l'affichage de la langue sollicitée ou bien l'envoi des messages audio pour les personnes non voyantes...

Annexe

- JAVA, KVM et J2ME.

1. Introduction :

Java est né en mai 1995, il y a maintenant 14 ans, c'est peu, dans l'absolu, mais c'est une éternité à l'échelle du développement de l'informatique.

Il était à l'origine destiné à la réalisation d'application client/serveur et multi-niveaux, occupant une position équivalente à celle de C et C^{++} pour la programmation système.

C'est un langage de programmation orienté objet, développé par Sun Microsystems. Il permet de créer des logiciels compatibles avec de nombreux systèmes d'exploitation (Windows, Linux, Macintosh, Solaris). Java donne aussi la possibilité de développer des programmes pour téléphones portables et assistants personnels. Enfin, ce langage peut être utilisé sur internet pour des petites applications intégrées à la page web (applet) [10].

2. Les différentes versions de Java :

La politique de Sun Microsystems est assez particulière. Plusieurs versions anciennes sont en effet encore supportées.

- La 1ère version de Java est apparue sous le numéro1.0 (JDK 1.0) en Mai 1995.
- La 1ère version réellement utilisable a été la 1.1 (JDK 1.1) en Février 1997 et elle a apportée de nouvelles fonctionnalités et d'importantes améliorations.
- A partir de la version 1.2 en Décembre 1998, la dénomination « Java » a été remplacée par « Java2 ».
  Java 2 se décline en 3 éditions différentes qui regroupent des APIs par domaine d'application :
- Java 2 Micro Edition (J2ME) : contient le nécessaire pour développer des applications capable de fonctionner dans des environnements limités tels que les assistants personnels (PDA), les téléphones portables ou les systèmes de navigation embarqués
- Java 2 Standard Edition (J2SE) : contient le nécessaire pour développer des applications et des applets. Cette édition reprend le JDK 1.0 et 1.1.
- Java 2 Enterprise Edition (J2EE) : contient un ensemble de plusieurs API permettant le développement d'applications destinées aux entreprises tel que JDBC pour l'accès aux bases de données, EJB pour développer des composants orientés métiers, Servlet / JSP pour générer des pages HTML dynamiques, ...
  Cette édition nécessite le J2SE pour fonctionner.
  Le but de ces trois éditions est de proposer une solution reposant sur Java quel que soit le type de développement à réaliser.

- La version J2SE 1.3.1 apparue en Mai 2001 est la plus employée par les applications de type serveur et la rapidité d'exécution a été grandement améliorée dans cette version.
- La version J2SE 1.4.0 apparait en Février 2002, elle est issue des travaux de la JSR 59. Elle apporte encore plus d'améliorations notamment sur les performances et des fonctionnalités nouvelles.
- La version J2SE 1.4.1 apparait en Septembre 2002
  L'adoption généralisée de ces deux versions n'interviendra qu'après la disponibilité de l'édition J2EE 1.4.
- La version 1.5 ou J2SE 5.0 apparue en Septembre 2004 est spécifiée par le JCP sous la JSR 176. Elle intègre un certain nombre de JSR dans le but de simplifier les développements en Java.
- La version 1.6 ou J2SE 6.0 apparue en Décembre 2006 est spécifiée par le JCP sous la JSR 270 et développée sous le nom de code Mustang.
  Elle intègre un changement de dénomination et de numérotation : la plate-forme J2SE est renommée en Java SE, SE signifiant toujours Standard Edition.
- Et une nouvelle version J2SE 7.0 est prévue pour le début 2010, Cette version sera la première distribuée sous la licence GPL 2.
  Le site officiel de cette version est à l'url https://jdk7.dev.java.net/

3. Les éditions de Java :

Il existe en effet par ailleurs trois éditions de Java :

- L'édition standard nommée *Java2 Standard Edition « J2SE »*, disponible en version 1.4.1.
- L'édition Entreprise, nommée *Java2 Entreprise Edition « J2EE »*, c'est un ensemble de spécifications et d'API concernant plus particulièrement les applications de type serveur. J2EE n'est pas utilisable seule, mais en complément de J2SE. La version actuelle de J2EE porte le numéro 1.3.1.
- L'édition Micro, nommée Java2 Micro Edition « J2ME » destinée à la réalisation d'application embarquées comme celle que l'on peut trouver dans certains téléphones mobiles ou assistants personnels [10].

4. Caractéristiques de base du langage Java:

Java a été développée dans le but d'augmenter la productivité des programmeurs en améliorant la maintenabilité, la sécurité et la fiabilité des applications [6].

- **Simple :**

C'est un langage simple à prendre en main. Basé sur le langage C/C++ mais laisse de côté les sources de problèmes (pointeurs, structures, gestion de la mémoire, héritage multiple, macros etc.).

- **orienté objet :**

Tout est classe.
Héritage simple.
"Une librairie plus" de classes est fournie.

- **Distribué :**

Propose une API réseau standard. Cette dernière permet de manipuler, par exemple, les protocoles HTTP & FTP avec aisance. Des API pour la communication entre des objets distribués (Remote Method Invocation).

- **Interprété :**

Un code source doit être traduit dans le langage machine avant d'être exécuté.

Compilateur : traduction du code source dans le langage binaire de la machine sur laquelle il sera exécuté.

Interpréteur : idem qu'un compilateur, sauf qu'il procède par étapes successives de compilation et exécution. Chaque instruction est compilée puis exécutée, puis le tour à l'instruction qui suit etc.

Le Compilateur Java traduit le code source Java en bytecode (code portable). Par la suite un interpréteur Java spécifique à une machine donnée (Java Virtual Machine : JVM ; Machine Virtuelle Java), traduit et exécute le bytecode.

- **Indépendant de l'architecture :**

Le bytecode généré n'est pas lié à un système d'exploitation en particulier. De ce fait, il peut être interprété très facilement sur n'importe quel environnement disposant d'une JVM.

- **Portable :**
Portable d'un système à un autre : int 32 bits alors qu'en C/C++ 16 ou 32 bits.

- **Robuste :**

Pas de pointeurs.
Gestion de mémoire indépendante.
Mécanisme d'exceptions pour la gestion des erreurs.
Compilateur très contraignant.
Pas d'héritage multiple ni surcharge des opérateurs.

- **Sûr :** 4 niveaux de sécurité :

  - Langage et son compilateur contraignant.
  - Vérifier : vérifier le bytecode.
  - Class Loader : le chargeur de classe.
  - Security Manager : protection des fichiers et accès au réseau.

- **Dynamique :**

Java charge dynamiquement les classes suivant les besoins de l'application (pas d'édition de lien).

- **Multithread :**

Un Thread est un flot d'instruction s'exécutant en concurrence avec d'autres threads dans un même processus.

5. langage Java et la machine virtuelle KVM :

Le commutateur KVM (K Virtual Machine) est un composant du plus petit environnement d'exécution ; il est inclus dans le logiciel Java 2 Platform, Micro Edition pour être utilisé dans les appareils dotés d'une mémoire et d'une puissance CPU limitées. Les téléphones portables, les pagers et les PDA (Personal Digital Assistant) sont souvent équipés d'un commutateur KVM afin d'assurer les fonctions informatiques de base.

Le commutateur KVM est semblable à JVM (machine virtuelle Java), dans la mesure où le moteur exécute l'application et l'applet écrits à l'aide de la technologie Java. Le commutateur KVM est utilisé avec les téléphones portables et les appareils mobiles alors que la machine virtuelle Java (JVM) est utilisée avec les ordinateurs. Par exemple, la plate-forme Java 2, Standard Edition (plate-forme J2SE) contient le JRE, le plug-in et le JVM [13].

Le commutateur KVM n'est qu'une des implémentations du module CLDC (Connected Limited Device Configurations) disponible pour utiliser Java sur les appareils mobiles.

Comme toute machine, le commutateur KVM possède les caractéristiques suivantes :

- KVM ne réalise pas Java Native Interface (JNI). Le support JNI a été rejeté pour 2 raisons :
  - le modèle de sécurité de CLDC interdit l'utilisation des appels native.
  - la réalisation complète de JNI a été considérée trop chère pour les mobiles à ressources limitées.
- KVM ne permet pas de créer son class loader. Cette interdiction est imposée par la modèle de sécurité.
- KVM ne maintient pas le mécanisme de réflexion. Les applications de Java ne peuvent pas inspecter les classes, les objets, les méthodes, les champs, les fils

exécutés par la machine virtuelle. Par conséquent, les technologies comme JVMI (Debugging Interface), JVMPI (Profiler Interface) et d'autres technologies de J2SE, basées sur le mécanisme de réflexion sont absentes dans CLDC.

- KVM réalise la multiplex, mais elle ne supporte pas Thread group et daemon thread. Les opérations comme le lancement et l'arrêt peuvent être appliquées uniquement dans un seul Thread.
- Il ne peut pas utiliser la méthode "finalize()", ainsi que "weak references" car cette condition est indispensable pour que le mécanisme de nettoyage soit moins compliqué.
- Le mécanisme "error handling" est moins développé par rapport à celui de J2SE.
- Pré vérification.

6. J2ME :

La plateforme Java 2 Micro Edition (J2ME) a été créée pour le marché de consommateur d'équipement à ressources limitées de mémoire et de processeur tels que : téléphones portables, smart cartes, palms, organizers et mini-ordinateurs. J2ME permet de lancer Java sur l'équipement à calculer à ressources limitées.

Pour cet objectif, J2ME adapte la technologie de Java qui existe. Voyons 3 points de J2ME : la configuration, les profiles et les Midlets.

Chaque configuration peut être utilisée avec un ensemble de packages optionnels qui permet d'utiliser des technologies particulières (Bluetooth, services web, lecteur de codes barre, etc.). Ces packages sont le plus souvent dépendant du matériel.

7. Les configurations :

Les configurations définissent les caractéristiques de bases d'un environnement d'exécution pour un certain type de machine possédant un ensemble de caractéristiques et de ressources similaires.

Elle inclut une machine virtuelle limitée par rapport à la VM standard et d'un nombre des classes principales, en général, empruntées à J2SE. Actuellement, il y a 2 configurations déterminées :

- CLDC (Connected Limited Device Configuration) : configuration des mobiles de communication à ressources limitées, orientée vers le mini mobile équipé de processeurs à 16/32 bits dont la mémoire est de 128 KB minimum.

- CDC (Connected Device Configuration) : configuration des mobiles de communication, orientée vers les modèles électroniques prévues à être montés à l'intérieur, plus compliqués tels que : smart communicateurs, pagers, PDA, (Sony PlayStation, XBox, etc.). Normalement, les mobiles pareils inclus les processeurs à 32 bits fonctionnant comme contrôleur et de mémoire de plus de 2 Mb utilisé pour sauvegarder la machine virtuelle et la bibliothèque [11].

Le point avantageux de J2ME CLDC consiste en une machine virtuelle K Virtuel Machine (KMV), mise au point spécialement pour les interfaces de réseau à mémoire et ressources limitées par contre CDC met en marche la machine virtuelle C Virtuel Machine (CVM) et elle est composé de toutes les classes de CLDC et contient encore plus de classes de J2SE. La différence principale entre CDC et CLDC est ce que CDC VM maintient toutes les possibilités de J2SE VM y compris "native programming interfaces".

8. Les profils :

Les profiles se composent d'un ensemble d'API particulières à un type de machines ou à une fonctionnalité spécifique. Ils permettent l'utilisation de fonctionnalités précises et doivent être associés à une configuration i.e. le profile assure la fonctionnalité indispensable qui manque dans la configuration générale. Ils permettent donc d'assurer une certaine modularité à la plate-forme J2ME [11].

Il existe plusieurs profiles :

Profil	Configuration	JSR	
MIDP 1.0	CLDC	37	Package javax.microedition.*
Foundation Profile	CDC	46	
Personal Profile	CDC	62	
MIPD 2.0	CLDC	118	
Personal Basis Profile	CDC	129	
RMI optional Profile	CDC	66	
Mobile Media API (MMAPI) 1.1	CLDC	135	Permet la lecture de clips audio et vidéo
PDA		75	
JDBC optional Profile	CDC	169	
Wireless Messaging API (WMA) 1.1	CLDC	120	Permet l'envoi et la réception de SMS

Tableau 02 : Les profils selon les configurations et les API des JSR.

Bibliographie :

[1] : Perez & André, « Architecture des réseaux de télécommunications », 2002

[2] : S.Liunel, « Middleware », université Pierre & Marie Curie.

[3] : Melle A.Zegai & Melle K.Zahdour, Mémoire de fin d'études pour l'obtention du Diplôme d'ingénieur d'Etat en Informatique : « Conception et implémentation d'une interface utilisateur pour des dispositifs mobiles » Juillet 2006.

[4] : A.Esnard, « Réseaux ENSERB informatique », 16/10/2001.

[5] : Bruce Hopkins et Ranjith Antony, « Bleutooth for java », Apress, 2003

[6] : Melle F. Ghefir, Mémoire de magister : « Etude et mise en œuvre de services sur les téléphones mobiles : Application aux panneaux d'affichage », juin 2008.

[7] : BALA KUMAR C., KLINE Paul, THOMPSON Tim, Bluetooth application programming with the JAVA APIs, 08-2003

[8] : André N. Klingsheim, J2ME Bluetooth Programming, Master's Thesis, Department of Informatics University of Bergen 30th June 2004

[9] : Mr.Hadjazi.H & Melle Benmoussa.L, PFE pour l'obtention du diplôme d'ingénieur d'état en informatique : « conception et réalisation d'un système de navigation via une Application Mobile » Juillet 2007.

[10] : Pierre-Yves Saumont & Antoin Micrecourt, Le guide du développeur Java2, Avril 2003.

[11] : Bruno Delb, J2ME Applications Java pour terminaux mobiles, 2001.

[12] : David Cautillo & Carouge, Application Java pour terminal mobile utilisant le protocole Bluetooth, Travail de diplôme réalisé en vue de l'obtention du diplôme HES, 22 août 2008

[13] : Delannoy Claude, « programmer en java », 2002.

[14] : M. A.Morouche & M. A.MAMMAD, Mémoire de fin d'études pour l'obtention du Diplôme d'ingénieur d'Etat en Informatique : « Conception et implémentation d'une application Client/Serveur Mobile »

Webographie

1. http://www.sun.com
2. http://java.sun.com/j2me/
3. http://client-serveur.blogspot.com
4. http://fr.netbeans.org
5. http://www.vulgarisation-informatique.com/client-serveur.php
6. http://www.programmez.com
7. http://doc.ubuntu-fr.org/netbeans
8. http://www.netbeans.org/kb/trails/mobility.html
9. http://www.cherokee-education.net/acronyms.pdf
10. http://www.twikeo.com/qu-est-ce-qu-un-middleware--q1962.html
11. http://www.scribd.com/doc/10075363/TUTORIEL-RESEAU
12. http://developers.sun.com/mobility/midp/articles/bluetooth2
13. http://www.developpez.com/j2me /
14. http://www.jsr82.com

GLOSSAIRE

A
A2DP : Advanced Audio Distribution Profile
API : Application Programming Interface
ACL : Asynchronous Connection-less Link
AVRCP : Audio Video Remote Control Profile
B
BIP : Basic Imaging Profile
BPP : Basic Printing Profile
C
C/S : Client / Serveur
CDC : Connected Device Configuration
CoD : Class of Device
CLDC : Connected Limited Device Configuration
CVM : C Virtual Machine
CFT : Cross File Transfer
CTP : Cordless Telephony Profile
CORBA : Common Object Request Broker Architecture
D
DUNP : Dial-Up Networking Profile
DVD : Digital Versatile Disk
E
EJB : Entreprise Java Bean
EAI : Entreprise Application Integration
ETL : Extract, Transform, Load
F
FTP : File Transfer Protocol
FHSS : Frequency Hopping Spread Spectrum
G
GAP : Generic Access Profile
GOEP : Generic Object Exchange Profile
GPL : General Public License
GPS : Global Positioning System
GIAC : Generic IAC
GHz : Giga Hertz
H
HTML : Hyper Text Markup Language
HLA : High Level Assembly (Application)

HCRP : Hardcopy Cable Replacement Profile
HFP : Hands-Free Profile
HID : Human Interface Device profile
HSP : HeadSet Profile

I

IP : Internet Protocol
IP : Intercom Profile
IAC : Inquiry Access Code
IDE : Integrated Development environment
ISM : Intermediate Service Module
IEEE : Institute of Electrical and Electronics Engineers

J

Jar : Java Archive
Jad : Java Application Descriptor
JABWT : Java API For Bluetooth Wireless Technology
JSR : Java Specification Requests
JDK : Java Development Kit
J2ME : Java 2 Micro Edition
J2SE : Java 2 Standard Edition
J2EE : Java 2 Entreprise Edition
JDBC : Java Data Base Connectivity
JSP : Java Server Pages
JCP : Java Community Process
JVM : Java Virtual Machine
JNI : Java Native Interface
JVMI : JVM debugging Interface
JVMPI : JVM Profiler Interface

K

KVM : K Virtual Machine (java)

L

L2CAP : Logical Link Control and Adaptation Protocol
LAP : LAN Access Profile
LIAC : Limited IAC

M

MIDP : Mobile Information Device Profile
MMAPI : Mobile Media API
Mbps : Mega Bit per second

O

ODBC : Open Data Base Connectivity
OPP : Object Push Profile

P

P2P : Peer to Peer
PTP : Point To Point
PC : Personal Computer

Piconet : PicoNetwork
PIN : Personal Information Number
PIM : Personal Information Manager
PDA : Personal Digital Assistant
PAN : Personal Area Network

R

RAID : Redundant Array of Inexpensive Disks
RMI : Remote Method Invocation
ROM : Read Only Memory
RAM : Random Access Memory

S

SAP : SIM Access Profile
SCO : Synchronous Connection-Oriented
SDAP : Service Discovery Application Profile
SP : Synchronization Profile
Scatternet : ScatterNetwork
SDP : Service Discovery Protocol
SMS : Short Message System
SQL : Structured Query Language
SPP : Serial Port Profile
Sun : Standard University Network

U

UML : Unified Modeling Language
USB : Universal Serial Bus
URL : Uniform Resource Locator
UART : Universal Asynchronous Receiver Transmitter
UUID : Universally Unique Identifier

V

VM : Virtual Machine

W

WMA : Wireless Messaging API
WLAN : Wireless Local Area Network
WPAN : Wireless Personal Area Network
Wi-Fi : Wireless Fidelity